BEI GRIN MACHT SICH IHR WISSEN BEZAHLT

- Wir veröffentlichen Ihre Hausarbeit, Bachelor- und Masterarbeit

- Ihr eigenes eBook und Buch - weltweit in allen wichtigen Shops

- Verdienen Sie an jedem Verkauf

Jetzt bei www.GRIN.com hochladen und kostenlos publizieren

Bibliografische Information der Deutschen Nationalbibliothek:

Die Deutsche Bibliothek verzeichnet diese Publikation in der Deutschen National-bibliografie; detaillierte bibliografische Daten sind im Internet über http://dnb.d-nb.de/ abrufbar.

Impressum:

Copyright © 2018 GRIN Verlag
Druck und Bindung: Books on Demand GmbH, Norderstedt Germany
ISBN: 9783668737280

Dieses Buch bei GRIN:

https://www.grin.com/document/428253

Sebastian Huhn

SWOT-Analyse des Fußballvereins TSG 1899 Hoffenheim

GRIN Verlag

GRIN - Your knowledge has value

Der GRIN Verlag publiziert seit 1998 wissenschaftliche Arbeiten von Studenten, Hochschullehrern und anderen Akademikern als eBook und gedrucktes Buch. Die Verlagswebsite www.grin.com ist die ideale Plattform zur Veröffentlichung von Hausarbeiten, Abschlussarbeiten, wissenschaftlichen Aufsätzen, Dissertationen und Fachbüchern.

Deutsche Hochschule für

Prävention und Gesundheitsmanagement

Hermann Neuberger Sportschule 3

66123 Saarbrücken

Einsendeaufgabe

Fachmodul:	Sportmarketing
Studiengang:	SPÖ
Datum Präsenzphase	**09.04.-12.04.2018**
Name, Vorname:	Huhn, Sebastian
Studienort:	**Düsseldorf**
Semester:	**WS 2016**

Inhaltsverzeichnis

1 SWOT-Analyse

Die SWOT-Analyse ist ein Instrument des strategischen Managements und dient dazu, Aussagen über Stärken und Schwächen sowie Chancen und Risiken eines Unternehmens gegenüberzustellen. Die Abkürzung der englischen Begriffe „SWOT" steht dabei für die Anfangsbuchstaben der englischen Begriffe „Strengths" (Stärken), „Weakness" (Schwächen), „Opportunities" (Chancen) und „Threats" (Risiken) (Hungenberg, 2014, S.86). Laut Schumann (2017, S.50) gliedert sich die SWOT-Analyse grundsätzlich in drei Teilanalysen:

1. die Erfassung und Bewertung der internen Ressourcen (Stärken und Schwächen),

2. die Analyse der Unternehmensumwelt (Chancen und Risiken) sowie

3. die Erstellung einer SWOT-Matrix.

Die Turn- und Sportgemeinschaft 1899 Hoffenheim e. V. ist ein Sportverein aus dem Sinsheimer Stadtteil Hoffenheim und besitzt aktuell 9.664 Mitglieder (Frommert, 2017). Am ersten Januar 2005 wurde die Fußballabteilung in die TSG 1899 Hoffenheim Fußball-Spielbetriebs GmbH ausgelagert. Milliardär und Mitbegründer des Softwareherstellers SAP Dietmar Hopp förderte seinen Heimatverein zwischen 1989 und 2015 mit rund 350 Millionen Euro. Zum 1. Juli 2015 erhielt Hopp 96 Prozent der Stimmrechte in der Spielbetriebsgesellschaft durch eine Abstimmung in der Jahreshauptversammlung des Vereins. Diese Alleinherrschaft verdankt er einer Sonderregelung in der Verbandsvorschrift. Seine ununterbrochene und erhebliche Förderung seit mehr als 20 Jahren machte das möglich (Luhmann, 2017). Die sogenannte 50+1-Regel verhindert normalerweise, dass ein Kapitalgeber die Stimmenmehrheit an einem Fußballverein erhält. Diese Investitionsbeschränkung soll die Macht von Investoren beschränken und die Sicherstellung von sportlichen vor wirtschaftlichen Zielen gewährleisten (Hinrichsen, 2015).

1.1 Stärken-Schwäche-Analyse

In der folgenden Tabelle werden die Analyseaspekte Stärken und Schwächen des Fußballvereins TSG 1899 Hoffenheim illustriert.

Tab. 1: Interne Stärken und Schwächen des TSG 1899 Hoffenheim

Stärken	Schwächen
• Sportlicher Erfolg	• Finanzielle Abhängigkeit vom Investor Dietmar Hopp
• Nachwuchsförderung TSG Akademie	• Geringe Vereinsbekanntheit
• Modernes Trainingszentrum mit technischen Innovationen („Footbonaut" und „Helix")	• Schlechtes Image („Retortenclub")

Eine Stärke des TSG 1899 Hoffenheim ist sein sportlicher Erfolg. Der Einstieg des Unternehmers Dietmar Hopp im Jahre 1989 verhalf der TSG ab der Saison 1990/1991 zu einem kontinuierlichen sportlichen Erfolg. Nachdem der Sprung zurück in die Bezirksliga geglückt war, erfolgte in der Saison 1991/1992 der Aufstieg in die Landesliga Rhein-Neckar. Im Jahre 1996 schaffte der Verein den Aufstieg in die Verbandsliga Nordbaden, bevor im Jahre 2000 der Aufstieg in die Oberliga gelang und sich die TSG den Meistertitel dort sicherte. Daraufhin zogen die Hoffenheimer in die Regionalliga Süd ein. In der Saison 2006/2007 qualifizierte sich die TSG erstmals für die zweite Bundesliga. In der darauf folgenden Saison 2007/2008 schaffte die TSG den Aufstieg in die erste Fußballbundesliga. Die bisher erfolgreichste Saison der Vereinsgeschichte feierte die TSG 1899 Hoffenheim in der vergangenen Saison 2016/2017. Tabellenplatz vier am Ende der Saison sicherte Hoffenheim erstmals die Teilnahme an europäischen Fußballwettbewerben wie den Champions-League-Playoffs (Frommert, 2018). In der aktuellen Bundesligasaison 2017/2018 belegt die TSG 1899 Hoffenheim nach dem 31. Spieltag Tabellenplatz fünf und hat damit gute Chancen zum wiederholten Male an der Europa-League teilzunehmen (Moll, 2018). Eine weitere Stärke des Sinsheimer Fußballvereins ist die Nachwuchsförderung in der TSG Akademie. Die in drei Zentren unterteilte Akademie legt neben den sportlichen Höchstleistungen auch großen Wert auf die schulische Förderung und Entwicklung der Sozialkompetenz ihrer Spieler. In den Altersklassen U12 bis U19 durchlaufen die Schüler ihre Ausbildung zum Nachwuchsspieler zunächst im Grundlagezentrum, daraufhin in der Akademie-Arena und schlussendlich im Leistungszentrum. Der DFB

(Deutsche Fußball-Bund) und die DFL (Deutsche Fußball Liga) vergaben bei ihrer bundesweiten Zertifizierung von Leistungszentren die Höchstwertung an die 1899 Akademie (Frommert, 2018). Eine weitere interne Stärke der Hoffenheimer sind die Innovationen in Technik, Leistungsdiagnostik und Digitalisierung (Horeni, 2017). Der „Footbonaut" ist eine große Ballwurfmaschine und das perfekte Trainingsgerät um die Handlungsschnelligkeit und Konzentrationsfähigkeit zu verbessern. Der Hauptsponsor SAP unterstützt die TSG mit technischen Innovationen wie dem „Helix". Mithilfe einer Leinwand und neun Beamern wird bei den Spielern der Eindruck von Dreidimensionalität erweckt. Diese selbst entwickelte Technologie fördert die Spielübersicht (Lilie, 2017). Als interne Schwäche der TSG 1899 Hoffenheim kann die finanzielle Abhängigkeit vom Investor Dietmar Hopp gesehen werden. Bereits seit dem Jahr 2015 fördert Großinvestor Hopp den Verein immer weniger, doch ihm gehören 96 Prozent der Stimmrechte der TSG 1899 Hoffenheim (Tretbar, 2015). Nur vier Prozent der Stimmrechte gehören dem Verein, somit liegt die Entscheidungsmacht bei Milliardär Hopp. Als weitere Schwäche kann die geringe Vereinsbekanntheit gesehen werden. Die Vereinsmarkenwahrnehmung von Hoffenheim ist im Vergleich zu Bundesligakonkurrenten Borussia Dortmund, dem 1. FC Köln oder dem FC Bayern München deutlich geringer (Woisetschläger, Backhaus, Hagebölling & Jaensch, 2017, S.8-12). Ein weitere Schwäche der TSG ist das schlechtes Vereinsimage im Vergleich zu den Ligakonkurrenten Borussia Dortmund, dem SC Freiburg oder auch dem SV Werder Bremer (Woisetschläger, Backhaus, Hagebölling & Jaensch 2017, S.10). Die Premiere in der ersten Fußballbundesliga feierte der TSG 1899 Hoffenheim erst im Jahre 2008 und kann im Vergleich mit seinen jetzigen Konkurrenten auf keine jahrzehntelange Bundesligahistorie zurückblicken. In der Öffentlichkeit wird der Verein auch als „Retortenclub" angesehen (Woisetschläger, Backhaus, Hagebölling & Jaensch, 2017, S.15).

1.2 Chancen-Risiken-Analyse

Tab. 2: Chancen und Risiken des TSG Hoffenheim

Chancen	Risiken
• Teilnahme an der Europa-League und Champions-League-Playoffs	• Verlust des Investors Dietmar Hopp
• Zunehmende Kommerzialisierung der Bundesliga und Professionalisierung der TSG	• Abgang der Spitzenspieler
• Mehreinnahmen durch Sponsoring	• Lokale Konkurrenzvereine in der Bundesliga

Der sportliche Erfolg in der aktuellen Saison 2017/2018 setzt sich in Hoffenheim fort und somit ist im kommenden Jahr die Teilnahme an der Europa-League sehr wahrscheinlich. Momentan ist mit Tabellenplatz fünf in der Fußballbundesliga (Moll, 2018) auch noch die Teilnahme an den Champions-League-Playoffs möglich. Dies ist eine große Chance für den Verein, der in der aktuellen Saison erstmals an europäischen Wettbewerben teilgenommen hat. Eine weitere Chance für die Hoffenheimer ist die zunehmende Kommerzialisierung der Bundesliga und steigende Professionalität des eigenen Vereins. Die Mehreinnahmen durch steigende Medien- und TV-Rechten kommen dem Verein zugute. Im Geschäftsjahr 2016/2017 summierten sich die Erlöse auf 111 Millionen Euro, rund ein Drittel der Summe ist aus Einnahmen der Medien- und TV-Rechte zurückzuführen (Frommert, 2017). Fernsehen ist das Leitmedium bei der Fußballübertragung, laut einer Umfrage schauen 76 Prozent der deutschen Fans am liebsten Fußball live im TV (Schulz, 2017). Die Markenbekanntheit des TSG steigt durch die mediale Präsenz, somit entwickelt sich eine zunehmend positive Markenassoziation. Das Sponsoring im Sport kann als weitere Chance für den TSG Hoffenheim angesehen werden. Aufgrund der hohen medialen Aufmerksamkeit und der Beliebtheit der Sportart Fußball setzen viele Unternehmen ihre Sponsoringaktivitäten verstärkt in diesem Bereich ein. Die Absichten des Sponsoren liegen in der Verwirklichung der eigenen Marketing- und Kommunikationsziele. Der TSG erhofft sich im Gegenzug die bessere Realisierung seiner sportlichen Ziele und finanziellen Unabhängigkeit, indem er seine Marketing- und Kommunikationsrechte gegen Geld und Dienstleistungen veräußert. Die Vereine der Fußball-Bundesliga beziehen einen Großteil ihrer Umsätze nicht mehr alleine aus dem Spielbetrieb, sondern vermehrt aus wirtschaftlichen Tätigkeiten im Umfeld des Fußballs. Ein Risiko stellt für die

TSG der mögliche Verlust des Hauptinvestors Dietmar Hopp dar. Der TSG ist zwar wirtschaftlich erfolgreich und schreibt im zweiten Jahr in Folge Gewinne (Frommert, 2017), dennoch gilt der Milliardär Hopp als Hauptakteur der TSG. Ein weiteres Risiko ist der Verlust von Spitzenspielern im Kader der Hoffenheimer. Der sportliche Erfolg der TSG und die damit eingehende gesteigerte mediale Präsenz sorgt für das Risiko, dass Ligakonkurrenten mit deutlich mehr finanzieller Macht die Spitzenspieler der TSG für sich verpflichten könnten. Darüber hinaus stellt die Konkurrenz von anderen Fußballvereinen in der selben Region ein Risiko dar. Der Traditionsverein VFB Stuttgart spielt seit der aktuellen Saison 2017/18 wieder in der Bundesliga und könnte regionale Sponsoren sowie Fans für sich gewinnen, die potentielle Partner und Anhänger des TSG 1899 Hoffenheim darstellen.

1.3 SWOT-Matrix

Tab. 3: SWOT-Matrix der TSG 1899 Hoffenheim

		EXTERNE ANALYSE	
		Chancen (<u>O</u>pportunities)	Risiken (<u>T</u>hreats)
I N T E R N E A N A L Y S E	Stärken (<u>S</u>trengths)	**S-O-Strategie** 1. Der sportliche Erfolg auf nationaler Ebene und die Teilnahme an europäischen Wettbewerben bringen dem Verein Mehreinnahmen in Millionenhöhe. 2. Durch die hervorragende Jugendarbeit der TSG Akademie werden Leistungsträger für den eigenen Verein ausgebildet. Diese Spieler könnten bewusst auf die Professionalisierung des TSG ausgebildet werden und auf die zunehmende Anforderungen bei der Kommerzialisierung vorbereitet werden.	**S-T-Strategie** 1. Die Jugendarbeit sollte weiter gefördert werden, damit der TSG seine eigenen Spieler für die Profimannschaft ausbilden kann und den teuren Einkauf von Neuzugängen vermeiden kann. Somit hätte ein plötzliches Ausscheiden vom Großinvestor zumindest weniger schlimme Auswirkungen auf den sportlichen Erfolg. 2. Langfristige Bindung von Talenten aus der TSG Akademie. Damit wird verhindert, dass zukünftige Leistungsträger aus der eigenen Akademie abgeworben werden. Darüber hinaus wird für den sportlichen Erfolg in der Zukunft gesorgt.
	Schwächen (<u>W</u>eaknesses)	**W-O-Strategie** 1. Die Teilnahme an der Europa-League und den Champions-League-Playoffs fördern die Bekanntheit des TSG auf nationaler und europäischer Ebene. 2. Zunehmende Kommerzialisierung der Bundesliga und Professionalisierung der TSG kann zur Markenbildung des Vereins führen und die Imageförderung vorantreiben.	**W-T-Strategie** 1. Hopps Ausstieg sollte vorbereitet werden. Die Zusammenarbeit mit dem Sohn des Investors Daniel Hopp könnte verstärkt angegangen werden und gemeinsam an einer Imageförderung gearbeitet werden. 2. Steigerung der Bekanntheit und Attraktiver des TSG damit Spitzenspieler langfristig beim TSG bleiben und nicht zu Konkurrenzvereinen wechseln.

2 Merchandising und Licensing

Zum 30-jährigen Jubiläum eines Volleyballvereins soll ein Merchandisingskonzept entwickelt werden und auf den Markt gebracht werden. Der Verein beschreibt sich selbst als sportlich, freundlich und familiär. Es wird sowohl Breiten- als auch Leistungssport betrieben. Die Förderung im Kinder- und Jugendsport betreibt der Verein gezielt um neue Mitglieder zu gewinnen.

2.1 Wer

Die Wahl des Geschäftsmodells für den Volleyballverein fällt auf die Auslagerung betrieblicher Teilfunktionen, sodass die vorhandenen Ressourcen und eigenen Stärken bestmöglich genutzt werden können. Dabei übernimmt der Verein die Auswahl und Konzeption der Merchandising Artikel, die Produktion wird aus Kosten- und Qualitätsgründen sowie des Ressourcenmangels ausgelagert.

2.2 Was

Tab. 4: Beschreibung des Fanartikelsortiments

Artikel	Sortiments-architektur	Beschreibung
• Trikots	Kernsortiment	In verschiedenen Größen (XS-XXL) werden geschlechtsspezifisch (M/W) Trikots in den Vereinsfarben rot/blau entworfen. Auf der Brust ist das Logo zu sehen, auf dem Rücken der Hinweis auf das 30-jährige bestehen des Vereins. Limitierte Auflage.
• Fanschals	Kernsortiment	Einheitsgrößen. In den Vereinsfarben rot/blau mit einem Vereinslogo auf der Vorder- und Rückseite. Dazu ein Hinweis auf das 30-jährige bestehen des Vereins.
• Kappen	Kernsortiment	In drei verschiedenen Größen werden die Mützen in zwei verschiedenen Varianten verkauft. Einmal in blau und dem Logo des Vereins in rot und einmal in rot mit einem blauen Vereinslogo und einem Schriftzug „1987-2017".
• Flaggen	Kernsortiment	In 2 verschiedenen Größen. In den Vereinsfarben rot/blau.
• Feuerzeuge	Randsortiment	Feuerzeuge mit dem Vereinslogo in drei verschieden Farben (weiß, grün und gelb). Wiederauffüllbar.
• Regenschirme	Randsortiment	Schwarze und weiße Regenschirme mit einem Vereinslogo und dem Zusatz „1987-2017". Limitierte Auflage.

2.3   Wem

Das Fanartikelsortiment ist für die interne und externe Zielgruppe ausgelegt. Zu der internen Zielgruppe zählen die Vereinsmitglieder- und Mitarbeiter sowie die Geschäftspartner und Sponsoren. Fans gehören zu der externen Gruppe. Die Trikots, Fanschals, Kappen und Flaggen symbolisieren Vereinszugehörigkeit und sprechen vor allem Vereinsanhänger an, die eine hohe Kaufbereitschaft zeigen. Dazu gehören viele Kinder und Jugendliche. Die Regenschirme und Feuerzeuge richten sich an erwachsene, generell sportinteressierte Menschen. Zu ihnen gehören Sponsoren, Geschäftspartner und Angehörige von Vereinsanhängern.

2.4   Bedingungen

Tab. 5: Preise der Fanartikel

Artikel	Preis
• Trikots	29,99 EUR - 59,99 EUR
• Fanschals	17,99 EUR
• Kappen	14,99 EUR
• Flaggen	12,99 EUR – 19,99 EUR
• Feuerzeuge	2,99 EUR
• Regenschirme	24,99 EUR

Die verantwortlichen Mitarbeiter im Volleyballverein entscheidet sich bei der Preisbildung für die Strategie der Premiumpreispolitik. Die hochwertige Qualität der Artikel rechtfertigt diese Entscheidung. Darüber hinaus möchte der Verein durch die höheren Preise die Exklusivität und Besonderheit der Produkte hervorheben. Mit Vorverkaufsrabatten in Höhe von 10% startet die erste Phase des Verkaufs sechs Wochen vor dem Jubiläum, Vereinsmitglieder erhalten zusätzlich einen Rabatt von 10%. Diese Strategie dient der Markterschließung. Eine Wochen vor dem Jubiläum werden die Originalpreise ohne Rabatte angeboten und die Verkaufszahlen vermutlich am höchsten. Während der gesamten Saison bleiben die Preise konstant. Die Abschöpfungsstrategie wird am Saisonende angewendet und mit Rabatten von bis zu 50% geworben. Damit sollen auch die letzten Kunden erreicht werden und das alte Sortiment möglichst restlos verkauft werden.

2.5 Kanäle

Der Volleyballverein wählt für den Verkauf seiner Artikel drei verschiedene Vertriebs-wege. Während der Öffnungszeiten findet der Eigenvertrieb in einem kleinen Shop im Clubhaus statt, zusätzlich wird ein Onlineshop auf der eigenen Homepage eingerichtet. Der Vorteil des Eigenvertriebs ist, dass der Verein das Produktangebot selbst bestimmen kann (Riedmüller, 2011, S. 228). Der Fremdvertrieb wird dagegen von den lokalen Sport-fachgeschäfte in der Umgebung betrieben. Ein großer Vorteil ist hierbei, dass diese Dienstleister auf den Verkauf dieser Waren spezialisiert sind und viele potentielle Kun-den erreichen können.

2.6 Begleitmaßnahmen

Der Verein präsentiert seinen Mitgliedern das Sortiment auf der Jahreshauptversammlung im Vorfeld des Jubiläums. Darüber hinaus werden die Produkte in der Vereinszeitung be-worben, die an sämtliche Mitglieder und Sponsoren nach Hause versendet wird. Die Ju-gendabteilung des Vereins organisiert anlässlich des Jubiläums ein Turnier für Kinder und Jugendliche, die am Volleyballsport interessiert sind und bisher noch nicht dem Verein angehören. Mithilfe von Plakaten wird in den Schulen der Kinder und Jugendlichen auf das Turnier aufmerksam gemacht. Am Turniertag selbst tragen alle Jugendvereinsmitglie-der die Jubiläumstrikots und bewerben diese in Verkaufsständen vor Ort.

2.7 Zeitraum

Die Kommunikation und Präsentation der Produkte beginnt drei Monate vor dem Jubilä-umsdatum. Der Verkauf startet sechs Wochen davor, sodass dieser eine gewisse Vorfreude der Vereinsmitlieder und Fans auf das Jubiläum entsteht. Während der gesamten Saison, die von Oktober bis Mai verläuft, werden die Artikel im lokalen Fanshop, den Online Fanshop und den Sportfachgeschäften angeboten. Nach der Saison werden die Artikel mit hohen Rabatten von bis zu 50% angeboten.

3 Digitalisierung

3.1 Darstellung eines Vereins

Tab. 6: Vereinsdarstellung eines Jugendorientierten Vereins

Vereinsangebot (Kernangebot des Vereins)	Tennis und Badminton (Leistungssport)
Mitgliederzahl	3500
Anzahl bezahlter Mitarbeiter	8
Anzahl ehrenamtlicher Mitarbeiter	23

3.2 Zielgruppe der App

Tab. 7: Zielgruppen und Marketingziele der App

Zielgruppe	Marketingziele
1. Mitglieder	• Aufbau und Pflege der Bindung zwischen Spielern, Trainern und Vereinsmitgliedern untereinander • Vereinsleben aktivieren und Vereinfachung der Organisation im Verein
2. Fans	• Das Image des Vereins verbessern, die Bekanntheit steigern sowie die Zuschauerzahlen erhöhen • Bindung zum Verein stärken

3.3   Inhalte der App

Tab. 8: Inhalt der App

Themen	Mehrwert für den Kunden	Mehrwert für den User
• News, Live Ticker und Fan Report	• Schnelle Verbreitung von Nachrichten und Spielergebnissen • emotionale Bindung der Vereinsmitglieder wird erhöht	• Immer live am Spielgeschehen dabei sein • Wichtige Informationen werden an die Fans weitergegeben
• Vereinsmannschaften stellen sich vor	• Repräsentation des Vereins • unkomplizierte Information für Interessierte	• Informationen über die Mannschaften und Trainingszeiten • emotionale Bindung der Fans an den Verein
Themen	**Mehrwert für den Kunden**	**Mehrwert für den User**
• Fanshop	• Höhere finanzielle Einnahmen durch den Verkauf von Fanartikeln im Eigenvertrieb • Kooperation mit Sponsoren, Vermarktung von digitaler Werbeflächen und damit Mehreinnahmen für den Verein	• Fans können ihren Verein finanziell unterstützen • Merchandisingprodukte direkt vom Händler beziehen
• Diskussionsforen	• Schneller Informationsaustausch und Klärung von Sachverhalten im Vereinsleben auf moderne Art und Weise • Imageförderung durch die Digitalisierung	• Fans fühlen sich eingebunden und können untereinander kommunizieren über sämtliche Themen rund um den Verein • Gemeinschaftsgefühl wird gestärkt

3.4 Chancen und Risiken der Vereins-App

Tab. 9: Chancen und Risiken der App

Chancen	Risiken
• Bessere Vernetzung der Vereinsmitglieder und Fans: schnelle, moderne und unkomplizierte Kommunikation zwischen den Mitgliedern und Fans. Die Interaktion und Identifikation wird gefördert, wodurch das Vereinsklima und die Bindung zum Verein verbessert werden kann. • Gewinnung neuer Sponsoren: Unternehmen können die digitale Plattform des Vereins als Werbefläche nutzen. Mit diesen Unternehmen kann kann der Verein attraktive Sponsoring Verträge aushandeln und finanzielle Mehreinnamen generieren.	• Datensicherheit: der unsichere Umgang mit den persönlichen Daten ist ein großes Risiko und muss von den Nutzern bewusst wahrgenommen werden. Zum Schutz vor Missbrauch seiner Daten sollte der App Kunde nur die Informationen über sich freigeben, mit denen Kriminelle keinen Schaden anrichten können. • Diffusiom: die Accounts und Inhalte der App sollten einem einheitlichen Gestaltungsmuster und klaren Orientierungshilfen entsprechen. Die Verwendung gleicher Farben, einem Logo oder der Bezeichnung „offizielle Fanseite" reicht meist schon aus.

3.5 Erhöhung des Bekanntheitsgrades der App

Damit der Bekanntheitsgrad und die damit verbundene Anzahl der App User schnell und erfolgreich erhöht werden kann, ist eine zielgruppenorientierte Marketingplanung

im Vorfeld notwendig. Zunächst sollen primär die Mitglieder und Fans als Nutzer der App fungieren, die sich über folgende Kanäle erreichen lassen:

1. dauerhaftes Werbebanner auf der Homepage, Facebook, Twitter und Instagram.

2. Plakatwerbung am Vereinsgelände mit Sportlern und Vereinsverantwortlichen.

3. Vorstellung der App in der Vereinszeitung.

4. Werbung vor, während und nach den Spielen der Vereinsmannschaften vor dem Fanpublikum.

4 Sponsoring

4.1 Unternehmensbeschreibung

Das Unternehmen „Drink and Run" ist spezialisiert auf moderne Trinkgürtel für ambitionierte Hobbyläufer und überzeugt mit einer modernen Produktpalette und innovativer Technik. Ein Markenzeichen der „Drink and Run" Geräte ist das dynamisches Design bei gleichzeitig hohem Tragekomfort. Die Hauptniederlassung des Unternehmens liegt in Tübingen, einer Stadt in Baden-Württemberg mit knapp 90.000 Einwohnern (Schmincke, 2018). An diesem Ort findet auch das alljährliche Laufevents mit 3500 Startplätzen statt. Die Zielgruppe des Unternehmens kennzeichnet sich durch Sportbegeisterung, Leidenschaft und Dynamik. Die Produkte werden vorwiegend über den Onlineshop des Unternehmens und im Fremdvertrieb von Sportfachgeschäften verkauft. Einen eigenen Werksverkauf betreibt „Drink and Run" im Produktionsort. Neben dem Sponsoring nutzt das Unternehmen bereits einige Kommunikationsinstrumente. Die Stärke von „Drink and Run" liegt in der Vermarktung ihrer Produkte über Social-Media-Plattformen wie Facebook und Instagram. Das Unternehmen schickt prominenten Hobbyläufern kostenlose Produkte zu, die diese werbewirksam auf Ihren Accounts für ihre „Follower" darstellen. Darüber hinaus werden die Produkte von „Drink and Run" auf Werbebannern am Streckenrand von Sportveranstaltungen sowie in Sportvereinen und Fitnessstudios der Region beworben.

4.2 Phasen des Sponsorings

4.2.1 Festlegung der Ziele

Tab. 10: Psychologische Zielgrößen

Kognitive Ziele	Affektive Ziele
• Erhöhung des Bekanntheitsgrades von „Drink and Run" und deren Produkte • Vermittlung von Kenntnissen über die Leistungsmerkmale der Produkte	• Aufbau, Verbesserung und Pflege des Images von „Drink and Run" • Schaffung von „Goodwill", Vertrauen und Akzeptanz bei den Zielgruppen

4.2.2 Schnittmengenanalyse der Zielgruppen

Tab. 11: Schnittmengenanalyse der Zielgruppen

Zielgruppe Laufevent	Zielgruppe „Drink and Run"	Schnittmenge
• Sport-affine Menschen • Ambitionierte Läufer • männlich & weiblich • jeden Alters • aktiv und passiv (Zuschauer) Sportbegeisterte	• Sport-affine Menschen • Ambitionierte Läufer • männlich & weiblich • leidenschaftlich & dynamisch • aktiv Sportbegeisterte	• Sport-affine Menschen • Ambitionierte Läufer • männlich & weiblich • aktiv Sportbegeisterte

4.2.3 Sponsoring-Einzelmaßnahmen

* **Präsente aus der Produktpalette**

Den ersten 150 angemeldeten Läuferinnen und Läufern werden kostenlose Trinkgürtel aus der neuesten Produktpalette zur Verfügung gestellt. Zusätzlich findet eine Verlosungsaktion am Vortag des Event statt. Dafür stellt das Unternehmen zusätzlich 100 kostenlose Trinkgürtel zur Verfügung.

* **Streckenverpflegung und Unterhaltungsangebote beim Zieleinlauf**

Die Streckenverpflegung wird vom Unternehmen organisiert. Dabei werden kostenlose Getränke in Einwegplastikflaschen zur Verfügung gestellt, die in den Unternehmensfarben gelb und grün bedruckt sind und das Logo von „Drink and Run" tragen. Im Zieleinlauf und auf der anschließenden Läuferparty findet eine weitere Verlosungsaktion statt.

* **Bedruckte Logopräsenz**

Das Zielband, Plakate und Flyer werden mit dem Logo von „Drink and Run" gestaltet.

* **Schweißbänder mit eigenem Logo von „Drink and Run"**

Bei der Anmeldung werden mit dem Unternehmenslogo bedruckte Schweißbänder an alle Teilnehmer verteilt.

* **Mediale Einbindung**

Verlinkung des „Drink an Run" Onlineshops auf der Laufevent Homepage und ein Radiospot im lokalen Radiosender

4.2.4 Erfolgskontrolle

Nach dem Ende des Laufevents wird eine Erfolgskontrolle des Sponsorships durchgeführt. Mithilfe von telefonischen Befragungen und einer Repräsentativerhebung per E-Mail kann eine aussagekräftige Schlussfolgerung auf die Imagebildung und Markenbekanntheit von „Drink and Run" erfolgen, den sogenannten psychologischen Zielen. Die Kontrolle der ökonomischen Ziele erfolgt über die Entwicklung des Umsatzes und Gewinns. Dafür vergleicht das Unternehmen die Verkaufszahlen ihrer Produkte vor dem Laufevent mit den Absatzzahlen nach sechs und zwölf Monaten nach der Veranstaltung.

5 Literaturverzeichnis

Hinrichsen, H. (2015). *Die Rechnung 50 + 1.* Zugriff am 21.04.2018. Verfügbar unter https://www.stuttgarter-zeitung.de/inhalt.dietmar-hopp-bei-tsg-hoffenheim-king-of-kraichgau-page1.0509d4b8-77a2-4c6c-b099-82708f07a8be.html

Horeni, M. (2017). *„Innovation, da sind wir Spitze".* Zugriff am 21.04.2018. Verfügbar unter http://www.faz.net/aktuell/sport/fussball/wohin-rollt-der-ball/1899-hoffen heim-maezen-dietmar-hopp-im-interview-ueber-innovation-15128374.html

Hungenberg, H. (2014). *Strategisches Management in Unternehmen. Ziele – Prozesse - Verfahren* (8., überarbeitete Aufl.). Nürnberg: Springer Gabler.

Frommert, C. (2017). *Mitglieder blicken auf ein historisches Jahr zurück.* Zugriff am 21.04.2018. Verfügbar unter https://www.achtzehn99.de/newsarchiv-2/newsar-chiv-2017/dezember-2017/mitglieder-blicken-auf-historisches-jahr-zurueck/

Frommert, C. (2017). *TSG auch wirtschaftlich auf Erfolgskurs.* Zugriff am 21.04.2018.Verfügbar unter https://www.achtzehn99.de/newsarchiv-2/newsarchiv-2017/november-2017/tsg-bleibt-auch-wirtschaftlich-auf-erfolgskurs/

Frommert, C. (2018). *Von der Gründung bis heute.* Zugriff am 20.04.2018. Verfügbar unter https://www.achtzehn99.de/tsg/historie/

Frommert, C, (2018). *TSG Akademie.* Zugriff am 21.04.2018. Verfügbar unter https://www.achtzehn99.de/akademie/philosophie/

Lilie, F. (2017). *Deutsche schauen Fußball live am liebsten im TV: Hohe Zahlungsbereitschaft für günstige Pay-TV-Angebote.* Zugriff am 22.04.2018. Verfügbar unter https://www.presseportal.de/pm/81351/3717305

Luhmann, H. (2015). *Hopps Herzblut.* Zugriff am 20.04.2018. Verfügbar unter https://www.sport1.de/fussball/bundesliga/2015/02/kommentar-zu-dietmar-hopps-uebernahme-der-tsg-1899-hoffenheim

Moll, S. (2018). *Fussball- Bundesliga 2017/2018: 31. Spieltag.* Verfügbar am 21.04.2018. Verfügbar unter https://www.sportschau.de/fussball/bundesliga/spieltag/index.html

Riedmüller, F. (2011). *Professionelle Vermarktung von Sportvereinen. Potenziale der Rechtevermarktung optimal nutzen. Berlin: Erich Schmidt.*

Schmincke, S. (2018). *Bevölkerungszahlen.* Verfügbar am 24.04.2018.Verfügbar unter https://www.tuebingen.de/1370.html

Schmitz, A. (2017). *Fussball mit Hirn:„Schnell erfassen, was abgeht".*Verfügbar am 21.04.2018. Verfügbar unter https://news.sap.com/germany/fussball-hoffenheim-training/

Schumann, O. (2017). *Studienbrief Sportmarketing* (rev.17.013.000). Saarbrücken: Deutsche Hochschule für Prävention und Gesundheitsmanagement.

Tretbar, C. (2015). *Dietmar Hopp gibt künftig nicht mehr ganz so viel Geld.* Zugriff am 21.04.2018. Verfügbar unter https://www.tagesspiegel.de/sport/tsg-1899-hoffen heim-dietmar-hopp-gibt-kuenftig-nicht-mehr-ganz-so-viel-geld/11371956.html

Woisetschläger, D., Backhaus, C., Hagebölling, M. & Jaensch, V. (2017). *Fußballstudie 2017. Die Markenlandschaft der Fußball-Bundesliga.* Arbeitspapiere des Instituts für Automobilwirtschaft und Industrielle Produktion Braunschweig: Technische Universität Braunschweig.

6   Tabellenverzeichnis